Cumpleaň

July 9, 2008

POEMAS DE AMOR DE
RUMI

POEMAS DE AMOR DE
RUMI

EDICIÓN DE
Deepak Chopra

Poemas de amor de Rumi

Título original: *The Love Poems of Rumi*
Autor: Deepak Chopra
Traducción: Agustín López y María Tabuyo
Diseño de cubierta: Opalworks
Composición: Pacmer, S.A.

© 1993, Coleman Barks
© 1998, Deepak Chopra, M.D.
© de esta edición, 2003, RBA Libros, S.A.
Pérez Galdós, 36 - 08012 Barcelona
www.rbalibros.com / rba-libros@rba.es

Primera edición: febrero 2003

Reservados todos los derechos.
Ninguna parte de esta publicación
puede ser reproducida, almacenada
o transmitida por ningún medio
sin permiso del editor.

ISBN: 84-7901-947-6
Ref.: LR-46
Depósito legal: B. 4.829 - 2003
Impreso en Novagràfik (Montcada i Reixac)

ÍNDICE

Agradecimientos, Deepak Chopra 9

Agradecimientos, Fereydoun Kia 11

Introducción 13

POEMAS DE AMOR DE RUMI
La angustia y el éxtasis del descontento divino:
   los estados del alma de Rumi 17
La angustia de los amantes 19
Alquimia de amor 20
Pasión despertada 22
El despertar 23
Tras el paisaje 25
Mi amada 26
Agridulce 27
Mi ardiente corazón 29
Prendido en el fuego del amor 30
Ven a mí 31
Vencido por el amor 33
Deseo 34

¿Me amas? 35
Morir para amar 37
La caza 39
Soy y no soy 40
Soy tuyo 42
Ebrio de amor 43
Buscando el amor 44
Buscando tu rostro 45
Perdidos en el desierto 47
La pasión del amante 48
El sentido del amor 49
El amante mítico 50
Amor precioso 51
Rendición 53
Amantes privilegiados 54

Extractos de *Birdsong* [«El canto del pájaro»] .. 55
  «El amor es mensajero» 57
  «La brisa luminosa que desciende» 58
  «La gente quiere verte feliz» 59
  «En tu luz aprendo a amar» 60

Lecturas recomendadas 61

AGRADECIMIENTOS

A Rebeca Flynn, Valery PineWright y Carolyn Rangel por su inestimable ayuda editorial. Su buen hacer ha depurado el mensaje contenido en estos poemas.

A Malika, Gautama, Sumant y Rita, por convertir el mensaje de estos versos en experiencia de vida para mí.

A Peter Guzzardi, Chip Gibson y Alberto Vitale por ayudarme a dar a conocer estos poemas al público americano.

Deepak Chopra

AGRADECIMIENTOS

Estoy infinitamente agradecido a mi hermana, Vida Belton, a cuya iniciativa debo el haber entrado en contacto con Deepak Chopra. La amistad resultante de ese encuentro y la oportunidad que ello supuso para mí de contribuir a la realización de este libro ha sido una experiencia maravillosa que ha dado un nuevo sentido a mi vida. Durante un tiempo, he estado totalmente absorto en los poemas de Rumi y en la tarea de transmitir su mensaje espiritual a Deepak, y no me habría sentido tan cómodo en este trabajo si no hubiera sido por la paciencia y la comprensión de mi familia. Mi esposa, Melahat, no sólo aceptó que mi atención estuviera acaparada por esa tarea, sino que me ayudó activamente en la interpretación. Los esfuerzos logísticos de mi hermano Bahma fueron valiosísimos, y, por último, quiero expresar mi gratitud al equipo de colaboradores de Deepak, que me dieron su apoyo y su aliento en una medida que no es habitual en nuestros días.

Los poemas de Rumi son eternos; lo que el poeta persa escribió hace siete siglos podía haber sido escrito hoy, o podría haber esperado otros setecientos años para ser formulado. Sus palabras llegan hasta nosotros claras y sonoras, con un ritmo y una rima perfectos; palabras sencillas, cotidianas, y, sin embargo, llenas de significado. Para apreciar plenamente su técnica y su sentido profundo es necesario tener acceso a la lengua persa. Pero para sentir la esencia de su mensaje y la cualidad de sus sentimientos, basta con participar de la condición humana.

FEREYDOUN KIA

INTRODUCCIÓN

En agosto de 1996 conocí a Fereydoun Kia en un curso que yo estaba impartiendo y que llevaba por título «La seducción del espíritu». Los dos compartíamos un mismo amor por los poemas de Jalal al-Din Mohammad Balkhi (conocido popularmente como Rumi) y durante aquella semana de entusiasmo espiritual pasamos muchos momentos exultantes en el éxtasis arrebatador que la pasión de Rumi provocaba en nosotros.

Un día Fereydoun nos presentó una canción de amor de Rumi que él había traducido al inglés. Aquella noche, una de las participantes en el curso bailó una extática danza derviche mientras yo recitaba el poema en inglés y uno de nuestros amigos ponía música a sus movimientos. Súbitamente nació la idea: «Hagamos una nueva traducción de los poemas de amor de Rumi que pueda provocar la congoja y el éxtasis del ardiente deseo».

Estos poemas reflejan los anhelos más profundos del corazón humano en busca de lo divino. En su celebración del amor, cada susurro poético es de una intensidad apremiante y expresa el deseo que penetra las relaciones humanas e inspira la intimidad con lo más profundo de uno mismo, alimentando silenciosamente la afinidad con el Amado. No son traducciones directas, sino «estados del alma» que hemos captado cuando las frases irradiaban desde la lengua farsi del original, dando vida a una nueva creación, pero conservando la esencia de su fuente.

Fereydoun y yo esperamos que estas páginas puedan transmitir un vislumbre de ese hermoso mundo de amor que nosotros pudimos experimentar cuando tratábamos de expresar en inglés los sueños, deseos, esperanzas, peticiones y sentimientos de un hombre que sigue asombrando, desconcertando, confundiendo y enseñando mil años después de caminar sobre la tierra.

POEMAS DE AMOR DE RUMI

La angustia y el éxtasis del descontento divino: los estados del alma de Rumi

En la rosaleda y en el huerto
anhelo contemplar tu rostro.
En el sabor de la dulzura
anhelo besar tus labios.
En las sombras de la pasión
anhelo tener tu amor.

¡Oh, Amante Supremo!
haz que olvide mis temores.
Se abren las flores
cuando tu Espíritu exulta.

¡Por Alá!
anhelo escapar de la prisión del yo
para perderme
entre montañas y desiertos.

Me cansan las gentes solitarias y tristes,
quiero gozar en el frenesí embriagado de tu amor
y sentir la fuerza de Rustam en mis manos.

Harto estoy de los reyes mortales
¡ansío ver tu luz!
Con una lámpara en la mano
cheijs y *mullahs* recorren la ciudad;
vagan errantes por oscuros callejones
sin encontrar lo que buscan.

Tú eres la Esencia de la Esencia,
la embriaguez del Amor.
Quiero cantar tus alabanzas
mas permanezco mudo
con la angustia del deseo llenándome el corazón.

La angustia de los amantes

La angustia de los amantes
arde en el fuego de la pasión.
Los amantes nos dejan la huella de su experiencia.
El lamento de los corazones rotos
es la puerta abierta hacia Dios.

Alquimia de amor

Vienes a nosotros
de otro mundo.

Desde más allá de las estrellas
y el vacío del espacio.
Transcendente, puro,
de impensable belleza,
para traernos la esencia del amor.

Transformas cuanto tocas.
Preocupaciones mundanas,
inquietudes y tristezas,
se desvanecen en tu presencia.
Procuras alegría
al gobernante y al siervo
al campesino y al rey.

Nos abrumas con tu gracia
trocando en bendiciones
todos nuestros males.

Eres el maestro alquimista.

Enciendes el fuego del amor
en la tierra y en el cielo
en el corazón y el alma
de todos los seres.

Por tu amor
se funden existencia y no existencia.
Se unen los opuestos
y lo profano
se torna sagrado de nuevo.

Pasión despertada

¡Oh Dios mío!
Lleva la alegría al corazón de los amantes.
Que alcancen por fin la dicha,
que sea celebración su vida
y dance su corazón en el fuego de tu amor.

¡Oh, dulce amor!
has despertado mi pasión,
tu suave roce me ha llenado de deseo,
ya no estoy separado de ti.

Son éstos momentos preciosos
¡te lo suplico!
no me tengas a la espera,
permíteme fundirme en ti.

El despertar

Al rayar el alba de la dicha
me besaste por tres veces
haciéndome despertar
a este momento de amor.

Intenté recordar
lo que soñé por la noche
cuando no conocía aún
esta mañana de la vida.

Encontré mis sueños,
mas la luna me llevó con ella.
Me subió hasta el firmamento
y allí me dejó en suspenso.
Vi mi corazón caído
en tu camino
cantando una canción.

Entre mi amor y mi corazón
sucedían cosas que
despacio, muy despacio,
me hicieron recordarlo todo.

Me he despertado con tu roce
aunque no haya visto tus manos.
Me has besado con ternura
aunque no haya visto tus labios.
Te has ocultado a mí
pero eres tú quien me da vida.

Tal vez llegue el día
en que te canses de los besos.
Me sentiré feliz
aun recibiendo insultos.
Me conformo
con que me prestes
un poco de tu atención.

Tras el paisaje

¿Es tu rostro
lo que adorna este jardín?
¿Es tu fragancia
la que perfuma el aire?
¿Es tu espíritu
el que ha convertido estas aguas
en un arroyo de vino?

¡Cuántos antes te han buscado
y han muerto sin encontrarte!
Escondido estás en el jardín
oculto tras el paisaje.

Pero el dolor
no alcanza a los amantes.
Es fácil encontrarte aquí,
estás en la brisa
y en este arroyo de vino.

Mi amada

Sabed que mi amada se oculta a los ojos de todos,
que está más allá de la creencia en todas las creencias,
que es tan clara en mi corazón como la luna,
que es la vida de mi cuerpo y de mi alma.

Agridulce

En mi alucinación pude ver
el jardín de flores de mi Amada.

Entre el vértigo y el aturdimiento,
en mi ebria confusión,
girando y danzando como una rueca,
me vi como el origen de toda existencia.

Estaba allí en el principio,
era el espíritu mismo del amor.

Ahora, sobrio,
tan sólo me queda la resaca,
el recuerdo del amor
y la tristeza.

Anhelo la felicidad,
¡pido ayuda,
necesito misericordia!

Y mi amor me dice

Mírame, escúchame,
que para eso estoy aquí.

Soy tu luna
y la claridad de su luz.
Soy tu jardín florido
y el agua que lo riega.

He recorrido el camino
pensando en ti,
descalza y sin chal.

Quiero provocar tu risa,
matar todas tus penas,
amarte
y alimentarte.

¡Oh Dulce Amargura!
quiero aliviarte y sanarte.
Voy a traerte rosas,
que también yo estuve cubierta de espinas.

Mi ardiente corazón

Arde de amor mi corazón,
todos pueden ver sus llamas.
Apasionado me late el corazón
como las olas en el océano.

Los amigos me resultan ahora extraños,
todo son enemigos a mi alrededor.
Pero soy libre como el viento
y ya no me hieren las censuras ajenas.

Estoy en mi hogar dondequiera que me encuentre
y en el país de los amantes
puedo ver, cerrando los ojos,
la belleza que danza.

Por detrás de los velos,
embriagado de amor,
también yo danzo al ritmo
de este mundo en movimiento.

He perdido mis sentidos
en el país de los amantes.

Prendido en el fuego del amor

¡Mi corazón está ardiendo!
Vago por el desierto
en mi locura
y las llamas de mi pasión
devoran el viento y el cielo.

Gritos de deseo
y lamentos
me atormentan el alma.

Tú esperas
pacientemente,
contemplando mis ojos extasiados.
Aceptas mi pasión
con la serenidad del amor.
Eres el señor de la existencia.

Algún día seré
un Amante como tú.

Ven a mí

Soy tu amante,
ven a mí,
y abriré de par en par
mis puertas a tu amor.

Ven, ven conmigo
y juntos viviremos
rodeados de estrellas.

Has estado oculto mucho tiempo
vagando a la deriva
en el mar de mi amor.

Pero siempre estuviste
unido a mí.
Oculto, revelado,
en lo conocido y en lo no manifestado.

Yo soy la vida misma.

Estabas prisionero
en una pequeña charca.
Yo soy el océano
y su turbulento raudal.
Ven, únete a mí
dejemos este mundo de ignorancia.

Quédate conmigo
y abriré de par en par
mis puertas a tu amor.

Vencido por el amor

El resplandor de la luna
encendía el firmamento.
Tan intenso era su brillo
que caí derrumbado al suelo.

Tu amor
es mi firmeza.

Heme aquí, dispuesto a abandonar
esta vida mundana
y entregarme
a la magnificencia
de tu Ser.

Deseo

Te deseo
más que alimento
o bebida.

Mi cuerpo,
mis sentidos,
mi mente,
tienen hambre de ti.

Siento
en mi corazón tu presencia
aunque pertenezcas
a todos en el mundo.

Espero
en silente pasión
un gesto,
una mirada
tuya.

¿Me amas?

Preguntó el amante a la amada,
¿Te amas a ti
más que a mí?

Y la amada respondió:
He muerto a mí
y vivo por ti.

He desaparecido de mí
y mis atributos.
Estoy presente sólo por ti.

He olvidado mis saberes,
mas conociéndote
me he vuelto sabia.

He perdido mi fuerza,
pero en tu poder
puedo.

Si me amo
te amo.
Si te amo
me amo.

Morir para amar

¡Muere, muere...!
Que si en la muerte del amor mueres
renacerá de nuevo tu alma.

¡Muere, muere...!
No temas morir a lo conocido.
Alcanzarás la eternidad
muriendo al tiempo.

¡Muere, muere...!
Líbrate de las cadenas
que te atan
a este mundo de apegos.

¡Muere, muere...!
Muere a lo inmortal
y serás eterno.

¡Muere, muere...!
sal de la nube que te envuelve,
abandónala y te convertirás
en luna resplandeciente.

¡Muere, muere...!
Muere al estrépito y al ruido
de los afanes del mundo
En el silencio del amor
encontrarás
la luz de la vida.

La caza

¡Ya viene, ya está aquí!
¡Abrid camino al Amante!

Viene buscando un corazón,
yo quiero mostrarle uno.

«¡Soy presa para tu caza!», le grito.

Él sonríe y me dice:
«No he venido a cazarte
sino a salvarte».

Soy y no soy

Empapado estoy
por el torrente
que todavía ha de venir.

Atado
en la prisión
que aún tiene que existir.

Sin haber jugado
nunca al ajedrez
me encuentro en jaque mate.

Sin haber probado
una copa de tu vino
ya me siento borracho.

Sin haber entrado
en el campo de batalla
estoy herido de muerte.

Ya no sé cuál es
la diferencia
entre la realidad y la imagen.

Como una sombra
soy y no soy
al mismo tiempo.

Soy tuyo

Porque el ídolo es tu rostro,
me he convertido en idólatra.
Porque el vino es de tu copa,
me he convertido en borracho.
En la existencia de tu amor
soy ahora inexistente.
La no existencia, unido a ti,
es mejor que cualquier existencia.

Ebrio de amor

Por tu amor
perdí mi sobriedad.
Ebrio estoy ahora
enloquecido de amor.

Envuelto en esta niebla
soy un extraño para mí;
tan embriagado me siento
que no encuentro el camino a casa.

Sólo tu rostro
pude ver en el jardín.
De árboles y flores
sólo aspiré tu fragancia.

Ebrio con éxtasis de amor,
no veo ya diferencia
entre bebedor y bebida
Entre Amante y Amada.

Buscando el amor

Una extraña pasión se mueve en mi cabeza.
Mi corazón es ahora como un pájaro
que revolotea en el cielo.
Cada parte de mí va en una dirección distinta
¿Será porque el que amo
se encuentra en todas partes?

Buscando tu rostro

A lo largo de mi vida
he buscado tu rostro
mas hoy, por fin, lo he visto.

Hoy he visto
el encanto, la belleza,
la gracia insondable
del rostro
que buscaba.

Hoy te encontré
y quienes ayer reían
y me despreciaban
se entristecen ahora
por no haberte buscado como yo.

El esplendor de tu belleza
me deslumbra
y quisiera mirarte
con cien ojos.

Mi corazón ardía con pasión
buscando perpetuamente
la belleza sublime
que ahora contemplo.

Me avergüenza decir
que este amor es humano
y temo por Dios
llamarlo divino.

La fragancia de tu aliento
se extiende como brisa matinal
por la quietud del jardín.
Alumbras una vida nueva en mi interior
y ahora soy tu sol
y también tu sombra.

Mi alma grita extasiada,
cada fibra de mi ser
está prendada de ti.

Tu ardiente resplandor
me ha incendiado el corazón
haciendo radiantes
a mis ojos
la tierra y el cielo.

Mi flecha de amor
ha dado en el blanco.
Estoy en la mansión de la gracia
y mi corazón
es ahora lugar de oración.

Perdidos en el desierto

¡Oh amantes!
¿A dónde os dirigís?
¿Qué es lo que andáis buscando?
Aquí mismo se encuentra vuestra Amada.

Vive a vuestro lado
ocultando su rostro
y escondida tras los velos.
Os llama, pero la buscáis en vano,
extraviados,
en la desolación y el desierto.

¡Dejad de andar tras las flores!
Tenéis un jardín en vosotros.
Mientras escudriñáis baratijas
os aguarda en vuestro ser el lugar del tesoro.

No hay necesidad de sufrir,
Dios está aquí.

La pasión del amante

Un amante conoce sólo la humildad.

No tiene elección.

Por la noche, penetra furtivamente en tu alcoba.

No tiene elección.

Anhela besar cada mechón de tus cabellos
No te inquietes.

No tiene elección.

En su locura de amor
sólo piensa en romper
las cadenas que le mantienen atado.

No tiene elección.

El sentido del amor

Luces y sombras
bailan la danza del Amor.
Astrolabio de los secretos de Dios,
el amor es sin porqué.
Amante y amor son inseparables y eternos.

No puedo explicar el Amor,
lo intento, mas las palabras me fallan.
Quisiera hablar del Amor
pero me siento impotente, derrotado,
mi pluma se rompe y el papel resbala
en el lugar inefable
donde Amante, Amor y Amado se hacen uno.

Cada momento se torna radiante
a la luz del Amor.

El amante mítico

Mi amor por ti
me ha vuelto loco.
Vago sin objeto
por las ruinas de mi vida,
mi antiguo yo es un extraño para mí.

Por tu amor
he roto con el pasado.

El ardiente deseo
me sostiene.
La pasión
me da valor.
Te busco
en mi ser más secreto.

Leía con frecuencia
los antiguos mitos de amor.
Ahora me he convertido
en el amante mítico.

Amor precioso

¡Oh Dios mio!
¡He descubierto el amor!

¡Qué maravilloso!
¡Qué excelente!
¡Qué hermoso!

Mi cuerpo se enciende
por el calor
del amor.

¡Qué secreto!
¡Qué profundo!
¡Qué evidente!

Saludo
a las estrellas y a la luna
a todos mis hermanos y hermanas.

Saludo
al espíritu de la pasión,
que despertó y vivificó este universo
y todo lo que contiene.

He caído
incapaz de levantarme.
¿Qué trampa me ha atrapado?
¿Qué grilletes sujetan mis manos y mis pies?

Extraño y maravilloso
es el amor impotente que siento.

Calla,
no reveles el secreto
de mi precioso amor.

Rendición

Nada es eterno en el amor, salvo tu vino,
no hay más razón para entregarte mi vida, que perderla.
Yo dije: «Quiero conocerte y desaparecer después»
y ella me respondió: «Conocerme no significa morir».

Amantes privilegiados

La luna se une a la danza
en el festival del amor.
Danza de luz,
bendición sagrada,
amor divino
que nos llama
a un mundo de transcendencia
sólo visible a los amantes
con sus ojos de ardiente pasión.

Son los elegidos
que se han rendido.
Antaño partículas de luz,
son ahora el sol radiante.
Dejaron atrás
un mundo de juegos ilusorios.
Son los amantes privilegiados
que crean un universo nuevo
con sus ojos de ardiente pasión.

Para los *Poemas de amor de Rumi* me he inspirado en *Birdsong: Fiftythree Short Poems*, traducido al inglés por Coleman Barks, libro que recomiendo encarecidamente. Hay cuatro poemas que conservo de forma especial en mi memoria y que recojo a continuación con mi agradecimiento a Maypop editores y a Coleman Barks.

El amor es mensajero
que del misterio nos habla.

El amor es la madre;
nosotros, sus hijos.

Brilla en nuestro interior,
visible e invisible,
en la esperanza, o, perdida ésta,
cuando sentimos que empieza a crecer de nuevo.

La brisa luminosa que desciende,
el canto de los pájaros nocturnos.

El extraño escrito que leo
en la puerta de mi amante

dice el mismo mensaje
ahora gritando
sobre los tejados.

La gente quiere verte feliz.
¡No les ofrezcas tu dolor!

Si pudieras desatar tus alas
y liberar el alma de los celos,

tú y los que te rodean
volaríais como palomas.

En tu luz aprendo a amar.
En tu belleza, a escribir poemas.

Danzas en mi pecho,
donde nadie te ve,

pero a veces te veo,
y esa visión se transforma en mi arte.

LECTURAS RECOMENDADAS

Birdsong: Fiftythree Short Poems, trad. Coleman Barks, Maypop, Athens (Georgia), 1993.

Crazy as We Are: Selected Rubais from Divani Kebir, Mevlana Celaleddin Rumi, intr. y trad. Dr. Nevit O. Ergin, Hohm Press, Prescott (Arizona), 1992.

The Essential Rumi: Translations by Coleman Barks with John Moyne, A. J. Arbery, Reynold Nicholson, Harper Collins, Nueva York, 1995.

Feeling the Shoulder of the Lion: Poetry and Teaching Stories of Rumi, trad. Coleman Barks, Threshold Books, Brattleboro (Vermont), 1991.

Love Is a Stranger: Selected Lyric Poetry of Jelaluddin Rumi, trad. Bakir Edmund Helminski, Threshold Books, Brattleboro (Vermont), 1993.

Rumi: In the Arms of the Beloved, trad. Jonathan Star, Jeremy P. Tarcher/Putnam, Nueva York, 1997.

Say I Am You: Poetry Interspersed with Stories of Rumi and Shams, trad. John Moyne y Coleman Barks, Maypop, Athens (Georgia), 1994.

The Way of Passion: A Celebration of Rumy, Andrew Harvey, Frog, Ltd., Berkeley (California), 1994.